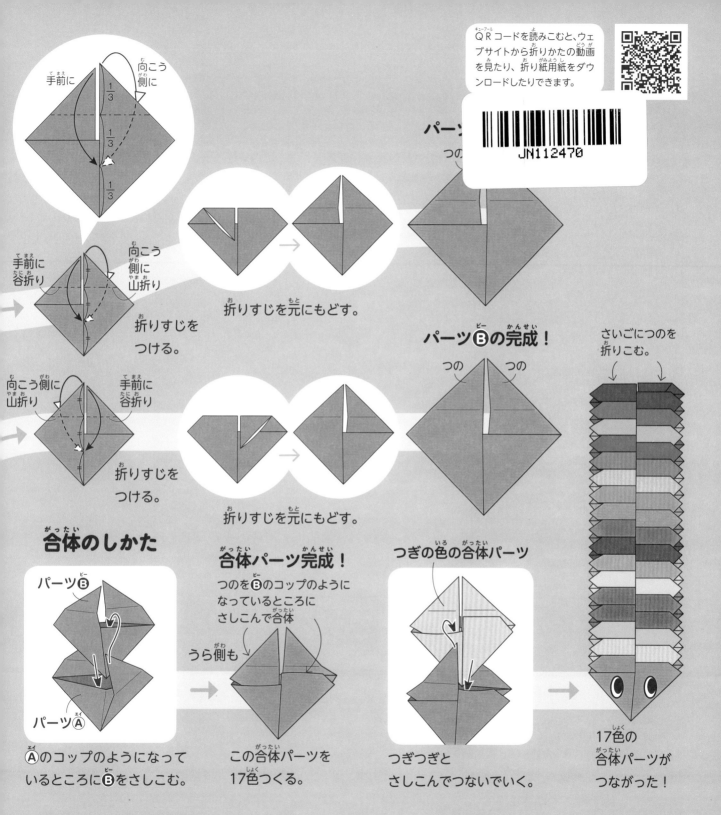

手前に　向こう側に

1/3
1/3
1/3

手前に谷折り　向こう側に山折り
折りすじをつける。

折りすじを元にもどす。

パーツ

つの

向こう側に山折り　手前に谷折り
折りすじをつける。

折りすじを元にもどす。

パーツ B の完成！

つの　つの

さいごにつのを折りこむ。

合体のしかた

パーツ B

パーツ A

A のコップのようになっているところに B をさしこむ。

合体パーツ完成！

つのを B のコップのようになっているところにさしこんで合体

うら側も

この合体パーツを17色つくる。

つぎの色の合体パーツ

つぎつぎとさしこんでつないでいく。

17色の合体パーツがつながった！

SDGsのきほん
健康と福祉 目標3

著・稲葉茂勝　監修・渡邉 優
編さん・こどもくらぶ

SDGs基礎知識 ○✕クイズ

Q1 SDGs目標3のテーマは、「すべての人に健康を」である。

Q2 SDGs目標3のターゲットにはタバコの規制の強化がふくまれている。

Q3 日本の人口1000人あたりの医者の数は、世界のトップ水準にある。

Q4 「健康」の定義は肉体的な健康。精神的なことにはふれられていない。

Q5 「福祉」という言葉は、戦後になってからつかわれるようになった。

Q6 「三大感染症」とは、結核、マラリア、コロナウイルスのことである。

Q7 1918年のスペインかぜでは世界人口のおよそ3分の1が感染した。

Q8 「飛沫」とは、くしゃみやせきによって飛びちるしぶきのことである。

Q9 「顧みられない熱帯病」は、熱帯地域でおこる病気だから、世界のほとんどの国には関係しない。

Q10 「母子手帳」は、赤ちゃんとお母さんを守る日本発祥のノートで、世界の国ぐににも広がりはじめている。

答え **Q1** ✕ (→p10)　**Q2** ○ (→p27)　**Q3** ✕ (→p6)　**Q4** ✕ (→p10)　**Q5** ○ (→p12)　**Q6** ✕ (→p16)　**Q7** ○ (→p18)　**Q8** ○ (→p22)　**Q9** ✕ (→p30)　**Q10** ○ (→p30)

絵本で考えよう！ SDGs

はじめての本

文／大窪いく子　絵／松永 萌

これはわたしがもらった
はじめての本。

あなたのはじめての
本はなに？

わたしは絵本。
主人公のウサギがかわいかったよ。

おいしい おいしい
うさぎは おおよろこび

ぼくは図鑑だったよ。
恐竜がかっこいいんだ。

わたしはとびだす絵本。
お城のおひめさまが
ステキだったよ。

はじめての本は、人それぞれだけど、みんなみんな共通点がある。
それは？

とっても「大切な本」だということ。

そう。この世界に人種や文化の
ちがいはあってもね。

3

わたしの国では小さなころに本をあたえられることはありません。
だから、わたしがもらったはじめての本は「母子手帳」です。
これは同時に、お母さんになるわたしにとってもはじめての本。

遠い日本で生まれたこの本には、
お母さんになるための知識がつまっています。

赤ちゃんが「安全」に生まれて、
「健康」に生きていけるための本。

だからね、「安心」して生まれてきていいのよ。

はじめての本は
「大切な本」だってほんとうだね。

人は病気になったり、けがをしたりしたときには、医者が必要です。世界には、医者や、医療につかう予算の多い国もあれば、少ない国もあります。ここでは、世界の国ぐにの医療のようすを見てみます。

医者の数の国際比較

世界には病気になっても医者にみてもらえない地域があります。右の地図は、人口1000人あたりの医者の数を国ごとにあらわしています。濃い赤ほど、医者の数が不足していることを示しています。

医者の数が多い国は、ヨーロッパに多く見られます。先進国では医者の数が多い傾向にありますが、先進国のなかでも、イギリスや日本などでは、それほど多くありません。アフリカなどの開発途上国では医者の数は不足していて、1000人あたり0.5人未満の国ぐにも多く見られます。

● 国別の医者の割合

上位5か国　　下位5か国

2位 スウェーデン 5.4人

4位 ノルウェー 4.6人

3位 オーストリア 5.2人

アイスランド

フィンランド

エストニア
ラトビア
リトアニア
ロシア
ベラルーシ

イギリス　デンマーク
アイルランド
ルクセンブルク　オランダ　ドイツ
リヒテンシュタイン　ベルギー
スイス　ポーランド
フランス　スロベニア　チェコ
モナコ　サンマリノ　ハンガリー　スロバキア
ボルトガル　アンドラ　バチカン　イタリア　ウクライナ
スペイン　モルドバ
ボスニア・ヘルツェゴビナ　ルーマニア
チュニジア　マルタ　セルビア　クロアチア
モンテネグロ　北マケドニア　コソボ
アルバニア　ブルガリア　ジョージア
トルコ　アルメニア

カザフスタン

アゼルバイジャン
ウズベキスタン　キルギス
トルクメニスタン　タジキスタン

中華人民共和国

キプロス　シリア
レバノン　イラク　イラン　アフガニスタン
イスラエル　ヨルダン
クウェート　パキスタン

モロッコ

アルジェリア　リビア　エジプト
バーレーン
カタール　アラブ首長国連邦
サウジアラビア　オマーン

ネパール　ブータン
インド　バングラデ
ミャン

4位 ギリシャ 4.6人

モーリタニア　マリ　ニジェール　チャド　スーダン　エリトリア　イエメン
ジブチ

タイ

カーボベルデ　セネガル
ガンビア
ギニアビサウ　ギニア　ブルキナファソ
シエラレオネ　コートジボワール　ナイジェリア
リベリア　トーゴ　ベナン　カメルーン　中央アフリカ　南スーダン
サントメ・プリンシペ　ガボン　コンゴ共和国　ソマリア

スリランカ

モルディブ

赤道ギニア　ルワンダ　ケニア
ブルンジ

セーシェル

4位 ガ ノ 0.1人

アンゴラ
モザンビーク
コモロ
マダガスカル

4位 エチオピア 0.1人

モーリシャス

ナミビア
ボツワナ
ジンバブエ

エスワティニ
レント

4位 ウガンダ 0.1人

南アフリカ共和国

4位 コンゴ民主共和国 0.1人

1位 タンザニア 0.05人未満

1位 マラウイ 0.05人未満

4位 ザンビア 0.1人

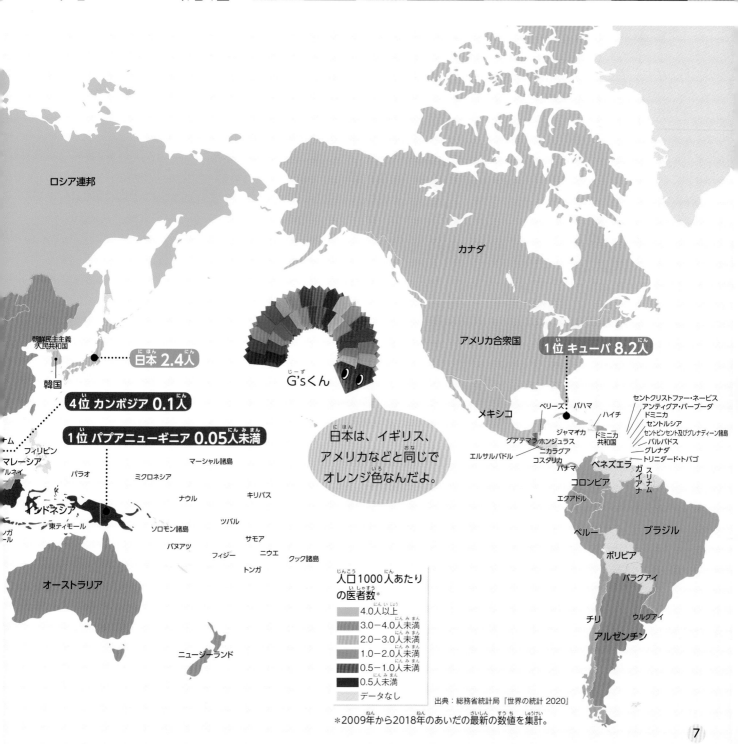

ロシア連邦

カナダ

アメリカ合衆国

1位 キューバ 8.2人

朝鮮民主主義
人民共和国

日本 2.4人

韓国

G'sくん

4位 カンボジア 0.1人

1位 パプアニューギニア 0.05人未満

メキシコ

ベリーズ　バハマ

セントクリストファー・ネービス
アンティグア・バーブーダ
ドミニカ
セントルシア
セントビンセント及びグレナディーン諸島
バルバドス
グレナダ
トリニダード・トバゴ

ハイチ

ジャマイカ

ドミニカ
共和国

グアテマラ　ホンジュラス
ニカラグア
エルサルバドル
コスタリカ
パナマ

ベネズエラ

ガイアナ
スリナム

コロンビア

エクアドル

ベトナム

フィリピン

マレーシア

ブルネイ

パラオ

マーシャル諸島

ミクロネシア

ナウル

キリバス

日本は、イギリス、
アメリカなどと同じで
オレンジ色なんだよ。

インドネシア

東ティモール

ソロモン諸島

ツバル

サモア

ペルー

ブラジル

ボリビア

ベンガル

パプア

ニューギニア

バヌアツ

フィジー

ニウエ

クック諸島

トンガ

パラグアイ

オーストラリア

チリ

ウルグアイ

アルゼンチン

ニュージーランド

**人口1000人あたり
の医者数***

4.0人以上
3.0－4.0人未満
2.0－3.0人未満
1.0－2.0人未満
0.5－1.0人未満
0.5人未満
データなし

出典：総務省統計局『世界の統計 2020』

＊2009年から2018年のあいだの最新の数値を集計。

はじめに

みなさんは、このシリーズのタイトル「SDGsのきほん」をどう読みますか？「エスディージーエスのきほん」ではありませんよ。「エスディージーズのきほん」です。

SDGsは、英語のSUSTAINABLE DEVELOPMENT GOALsの略。意味は、「持続可能な開発目標」です。SDGがたくさん集まったことを示すためにうしろにsをつけて、SDGsとなっているのです。

SDGsは、2015年9月に国連の加盟国が一致して決めたものです。17個のゴール（目標）と「ターゲット」という「具体的な目標」を169個決めました。

最近、右のバッジをつけている人を世界のまちで見かけるようになりました。SDGsの目標の達成を願う人たちです。ところが、言葉は知っていても、「内容がよくわからない」、「SDGsの目標達成のために自分はなにをしたらよいかわからない」などという人がとても多いといいます。

SDGsバッジ

ということで、ぼくたちはこのシリーズ「SDGsのきほん」をつくりました。『入門』の巻で、SDGsがどのようにしてつくられたのか、どんな内容なのかなど、SDGsの基礎知識をていねいに見ていき、ほかの17巻で1巻1ゴール（目標）ずつくわしく学んでいきます。どの巻も「絵本で考えよう！SDGs」「世界地図で見る」からはじめ、うしろのほうに「わたしたちにできること」をのせました。また、資料もたくさん収録しました。

さあ、このシリーズをよく読んで、みなさんも人類の一員として、SDGsの目標達成に向かっていきましょう。

稲葉茂勝

SDGが
たくさん集まって、
SDGsだよ。

8

もくじ

① 健康とは?

「健康」とは、「病気でない・弱っていないだけではなく、肉体的にも精神的にも、そして社会的にも満たされた状態」のことです。

シンガポールは、健康寿命が世界一の国。

「GOOD HEALTH AND WELL-BEING」の意味

SDGsの3つ目の目標の「テーマ」*は、英語で「GOOD HEALTH AND WELL-BEING」、日本語では「すべての人に健康と福祉を」です。また、目標は下のようになります。

3 すべての人に健康と福祉を

• Ensure healthy lives and promote well-being for all at all ages
• あらゆる年齢のすべての人々の健康的な生活を確保し、福祉を促進する
　(all at all ages)　　(healthy lives)　(ensure) (well-being) (promote)

「健康寿命」

最近、「健康寿命」という言葉がよく聞かれるようになりました。「寿命」は「生きられる期間」のことですが、健康寿命は「健康上のトラブルによって日常生活が制限されることなくくらせる期間」のこと。健康寿命が短いと、本人が苦しいだけではありません。家族やまわりの人たちに負担がかかります。医療や介護にかかる費用負担も大きくなってしまい、社会的にも満たされた状態とはいえません。

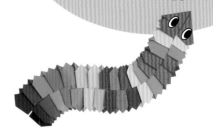

日本は、現在、世界で2番目に健康寿命がながい国だよ！でも、健康寿命がながいだけでは、「健康な国」とはいえないんだって。

どういうことかな？
右ページをよく読んでね。

*SDGsの各目標は、文章で書かれている。それに対し、ロゴマークの上に書かれた短い言葉がある。それを「テーマ」とよんでいる。

WHOの「健康」の定義

WHO[*1]では、1998年にそれまでの「健康」の定義を改正しようという提案がありました。これは「健康」のとらえかたの世界の変化によるものです。

ジュネーブ（スイス）にあるWHOの本部。

「健康」の定義

Health is a state of complete physical, mental and social well-being and not merely the absence of disease or infirmity.

　日本語では「健康とは、病気でない・弱っていないだけではなく、肉体的にも精神的にも、そして社会的にも満たされた状態にあること」と、定義されています。

改正案

Health is a dynamic state of complete physical, mental, spiritual and social well-being and not merely the absence of disease or infirmity.

　上の改正案の英文はむずかしいですが、dynamic と spiritual の2つの単語が加わったことがわかります。dynamic は「静的に固定した状態ではないということ」を示す言葉。改正案では、健康と疾病がそれぞれ別の状態ではなく「連続したもの」であるという意味が加わったのです。また spiritual が追加されたことで、精神的な意味が強調されました[*2]。

　じつは、「健康と疾病が連続したもの」とすることにより、健康な人も病気の人も同じように「肉体的にも精神的にも、そして社会的にも満たされた状態」であるようにしていかなければならないと、WHOはあらためて提唱したのです（ただし、総会での採決はおこなわれていない）。

2000年のMDGsでは

　健康の定義が新しくなった2年後の2000年9月、ニューヨークで開催された国連ミレニアム・サミットで、人類はMDGs：Millennium Development Goals（ミレニアム開発目標）をつくりました（→『貧困』の巻）。そのなかで健康については、つぎのような目標をかかげました。

目標4：幼児死亡率の引き下げ
目標5：妊産婦の健康状態の改善
目標6：HIV／エイズ、マラリア、その他の疾病の蔓延防止

---

*1 World Health Organization の頭文字で、「世界保健機関」という国連機関のこと。「全ての人びとが可能な最高の健康水準に到達すること」を目的として、1948年4月に設立（日本は1951年6月に加盟）。2019年現在の加盟国数は194。1988〜1998年に日本の中嶋宏さんが事務局長をつとめた。
*2 WHOは、「spiritual」について「人間の尊厳の確保や生活の質を考えるために必要で本質的なもの」と説明している。

② 福祉ってどういうこと?

だれでも病気や事故で働けなくなることがあります。国が働けない人たちなどを助けることを「福祉」とよびます。国にはすべての国民が安全で安心な生活を送れるようにする義務があります。

「福祉」という言葉

「福祉」の2つの漢字をそれぞれ辞書でひくと、つぎのように書いてあります。

福：さいわい。しあわせ。幸運。

祉：神からさずかる、さいわい。（『大辞林』三省堂）

両方とも「さいわい」という意味があります。「さいわい」を辞書でひくと、「自分にとって望ましく感じられる精神的状態。しあわせ。幸福」とあります。「福祉」は「幸福」とほぼ同じ意味の言葉なのです。「福祉」という言葉がつかわれている理由は、「幸福」は1人ひとりが感じる「しあわせ」のことで、「福祉」は多くの人びとの幸福だからです。

でも、日本に「福祉」という言葉が古くからあったわけではありません。第二次世界大戦後、占領軍が日本国憲法の原案をつくった際に、英語の「welfare（幸福、福利）」にあたる日本語が見つからなかったために、新たにつくりだしたのが「福祉」という言葉でした。

もっとくわしく

welfare（幸福、福利）とは?

英語の welfare は、「よく、適切に、満足に」の意味をもつ単語 well と、「くらす、やっていく」という意味の fare があわさってできたもの。英語の辞書には「人や動物、集団の健康、幸福、安全」「援助を必要とする人や動物に対して、多くの場合政府によっておこなわれる実用的、経済的援助」と書かれている。(Oxford Learner's Dictionaries)。

日本の福祉は憲法とともに

日本では、日本国憲法により「福祉が国の仕事である」と規定されました。これは、すべての国民は、幸福のためにあらゆる行政サービス*を受ける権利が国によって保障されているということです。ここでは第13条と第25条の条文を見てみましょう。

第13条：すべて国民は、個人として尊重される。生命、自由及び幸福追求に対する国民の権利については、公共の福祉に反しない限り、立法その他の国政の上で、最大の尊重を必要とする。

第13条前段の「すべて国民は、個人として尊重される」とは、日本は個人の人権が無視されたりするような社会ではないということです。

後段の「生命、自由及び幸福追求に対する国民の権利」は、「幸福追求権」とよばれています。なにが幸福かは人それぞれですから、個人の幸福を追いもとめる権利を保障しているのです。かんたんにいえば、幸福であるかないかはそれぞれの人が感じることで、他人が判断することではないのです。

第25条：①すべて国民は、健康で文化的な最低限度の生活を営む権利を有する。
②国は、すべての生活部面について、社会福祉、社会保障及び公衆衛生の向上及び増進に努めなければならない。

第25条の①に記された「健康で文化的な最低限度の生活」が具体的にどんな生活なのかは、

生活保護法（→p30）などの法律によって定められています。逆にいえば、自力では生活していけない人に対して、生活保護法にもとづいて国から支払われるお金で生活できる範囲が、「健康で文化的な最低限度の生活」ということです。

また、②の「社会福祉、社会保障及び公衆衛生の向上及び増進」は、生活保護法のほか、国民健康保険法、国民年金法、雇用保険法、環境基本法などの法律によって保障されています。

*戸籍、住民票、転出・転入届などの手続きや、年金、健康保険、介護保険などの手続き、また、学校教育はもちろん、妊娠・出産、子育て支援、障がい者支援、高齢者支援、さらに、道路、上下水道などの整備や、交通安全対策、防災、消防、防犯など、広範囲にわたる国や地方自治体の仕事。

大きな視点で見た
不健康の理由を
考えるんだよ。

③ 健康を害する原因

健康を害する原因としては、栄養不足や感染症、ストレスなどがあげられます。ここでは、国全体、さらに世界的に見た場合の健康を害する原因を考えてみます。

栄養不足

開発途上国などでは食べることができなくなって、栄養不足となり、それが続くと、飢餓におちいって死んでしまう（餓死する）ことがあります。一方、日本のような先進国の人でも、貧困が原因で栄養不足となり、病気になることがあります。開発途上国でも先進国でも、栄養不足が健康を害する原因となっているのです。

知識不足

開発途上国では、出産時の女性と赤ちゃんの死亡率と幼い子の死亡率が、先進国とくらべて高くなっています。また、エイズや結核、マラリアなどの感染症により多くの命が失われています。

これらの背景には、性や出産、病気の原因や予防法についての知識が不足していることがあげられます。巻頭絵本の「母子手帳（→p30）」は、母親や家族の保健の知識を向上させ、乳幼児の健康状態を改善するためのものです。

また、タバコや酒、薬物などが健康におよぼす害についての知識不足も指摘されています。

エボラ出血熱の予防法について住民に説明するユニセフ（国連児童基金）の職員。アフリカでたびたび発生する感染症の流行の原因の1つとして、現地の人びとに予防法などの知識が広まっていないことがある。

安全な水の不足

　紀元前のメソポタミア文明やインダス文明には、すでに下水道がありました。下水道はよごれた水や汚物を流す役割をしていて、感染症を防ぐ役目をしていました。ところが、現代でもいまだに下水道がないどころか、安全な水が手に入らないために健康を害する人がたくさんいるのです。

　いまも世界中に、安全な水が飲めない、つかえない地域がたくさんあります。だからこそSDGsでは、「安全な水とトイレを世界中に」（目標6）がかかげられているのです。

工場が排水の管理をしっかりしないために、近くの水源を汚染し、住民が病気になる例はたくさんある。

安全な水が不足する場所

　安全な水を得られない人は、現在、世界中に20億人以上いるといわれています。そうした人びとがくらしているのは、井戸もないような未開発の土地だけとはかぎりません。近年では、つぎのような場所でも安全な水を手に入れるのがむずかしいのです。

- 汚物や排水で水源がよごされた地域。
- 大地震や巨大台風などの自然災害におそわれて、安全な水がつかえなくなった地域。
- 気候変動により、砂漠化したり、海水面が上昇して海水が陸地の水源に入りこんだりした土地。
- 紛争で下水道施設が破壊された地域や、紛争からのがれた人びとがくらす難民のキャンプ。

④ 三大感染症

「三大感染症」とは、HIV／エイズ、結核、マラリアのこと。これらは、流行している国だけで解決できる問題ではなく、世界各国が協力して対策を進めなければならない地球規模の問題だといわれています。

三大感染症の患者数

世界中の三大感染症の患者数は、つぎの通りです。

●HIV／エイズ（2018年）
HIV感染・エイズ患者総数：約3790万人
年間新規HIV感染者数：約170万人
年間エイズ死亡者数：約77万人
（2019年UNAIDS*統計）

●結核（2018年）
年間発病者数：約700万人
年間死亡者数：約150万人
（2019年WHO世界結核対策報告書）

●マラリア（2018年）
年間罹患者数：約2億2800万人
年間死亡者数：約40万5000人
（2019年WHO世界マラリア報告書）

*国連エイズ合同計画。

もっとくわしく

HIV／エイズ

一般的に日本では、「HIV」と「エイズ」は同一視されているが、正確にはつぎの意味だ。
HIV：エイズをひきおこすウイルス。
エイズ：HIVに感染して免疫が低下した結果、発症した合併症（後天性免疫不全症候群）。
現在では、治療薬が進歩し、HIVに感染しても早期に服薬すればエイズの発症を防げるようになった。それでも、2018年の時点で、世界全体では、170万人が新たにHIVに感染し、3790万人（成人3510万人、子ども280万人）がHIVとともに生きている。なお、HIV感染者の死亡の第一原因は結核で、2016年にはHIV感染者の死因の40%だった。

これは、エイズへの理解と支援の象徴としてつかわれている「レッドリボン」だよ。

マラリアは蚊を介して広がっていく。蚊をよせつけない蚊帳は、マラリアの有効な予防法。殺虫成分をねりこんだ蚊帳も開発されている。

日本とエイズ

　エイズは、アフリカなどで流行する感染症だと思われがちですが、2018年に日本国内で新たに報告されたHIV感染は、940件。新たなエイズ発症は377件で、合計1317件も報告されています。

　厚生労働省では、「これまで以上に効果的な予防啓発とそれを推進する積極的な対策が望まれる」と、エイズの広がりを警戒しています。

　エイズのまんえんの背景には、開発途上国の場合、貧困のせいで適切な教育が受けられないという問題があります。日本でも、エイズの原因や感染経路などについての理解を徹底する教育が必要だといわれています。

結核

　結核は、結核菌の感染によって起こる感染症です。結核にかかっている人がせきをしたとき結核菌が飛びちり、近くにいる人が吸いこむことで感染します。結核は過去の病気と思われがちですが、2018年の日本国内での患者数は1万5590人。死亡者も多く出ています。

マラリア

　マラリアは世界中の熱帯・亜熱帯地域で流行している感染症で、マラリア原虫という寄生虫をもった蚊（ハマダラカ）に刺されることで感染します。また、感染経路としては、輸血や不衛生な注射器の共用などもあげられます。

歴史上、人類の命をおびやかしてきた最大の敵は感染症だといわれています。
「感染症」とは、病原体が体内に侵入してひきおこす病気のこと。
日本では古くから「疫病」とか「はやり病」などとよばれてきました。

文明をほろぼした感染症

感染症は、自然災害や戦争よりもはるかに多くの命をうばってきました。かつて栄えていた文明が感染症によってほろびたこともありました。

ミヒエル・スウェールツ（1618～1664）による『Plague in an Ancient City（古代都市のペスト）』。中世～近世にかけて多くの画家がペストの脅威を後世に伝えようと絵を描いた。

- 5世紀のローマ帝国の滅亡は、感染症が原因の1つとなったと考えられている。ローマ帝国には各国から人やものが集まってきていたため、さまざまな感染症も入ってきた。その1つであるマラリア（ハマダラカという蚊にさされることによって感染する熱病）は、東方との交流でローマへ入ってきた。

- 14世紀、中世末期のヨーロッパをおそった「ペスト（黒死病）」により、当時のヨーロッパの全人口の3分の1から3分の2が死亡した。

- 1918年から大流行した「スペインかぜ」とよばれるインフルエンザ＊は、世界で4000万～5000万人の死者を出した。

- インフルエンザでは、1957年に「アジアかぜ」が流行し、世界で200万人が死亡。1968年には「香港かぜ」が流行し、世界で約100万人が亡くなった。

もっとくわしく

第一次世界大戦の戦死者とスペインかぜの死者

第一次世界大戦が終わりに近づいた1918年、それまでに例のない規模で感染症の流行が世界をおそった。それが「スペインかぜ」の世界的大流行パンデミックだ。日本では名前に「かぜ」とつくが、おそろしい感染症であることは、中世のペストの流行になぞらえて「20世紀の黒死病」といわれた

ことでもわかる。世界の感染者の数はおよそ6億人。当時の世界人口18億人の3分の1近くにあたる。死者は4000万人とも5000万人ともいわれる（日本ではおよそ2400万人が感染。正確にはわからないが、死者は約40万人とされている）。これは、第一次世界大戦での戦死者よりはるかに多い。

＊インフルエンザウイルスによっておこる感染症の1つ。感染すると、38度以上の発熱や関節痛などの症状が急速にあらわれるのがとくちょう。毎年12月から翌年3月までのあいだに流行する。

闘いの歴史

感染症との闘いから得たこと

　人類は、感染症に痛めつけられながらも、それとの闘いによって、さまざまな知恵をつけてきました。病原体に打ちかつ薬を開発し、感染症が広がらないようにトイレや下水道を発達させました。公衆衛生を徹底し、原因や感染経路を究明し、ワクチン＊などについての研究も発達させました。すなわち、人類は感染症との闘いによって、さまざまな科学を進歩させてきたのです（→p30）。しかしいまでも、いつも、どこかでさまざまな感染症が猛威をふるっています。一時は制圧できたのに、ふたたび流行しはじめた感染症もあります。エボラ出血熱、SARS、MERSなど、新たに出現した感染症もあります。

＊病原体から製造し、これを人体・動物体に接種して体内にその病原体に
　対する抗体を生じさせるもの。

もっとくわしく

世界初のワクチン誕生！

　イギリスの医師、エドワード・ジェンナーは、牛の乳しぼりをする女性たちが天然痘にかからないことに着目。その理由を、女性たちが「牛痘」という病気のウイルスにすでに感染しているためだと考えた。牛痘とは、ウイルスによって起こる天然痘に似た牛の病気で、人間にも感染するが、発症しても症状は軽く、死ぬことはほとんどない。このことからジェンナーは、あらかじめ牛痘のウイルスを接種すれば天然痘の発症を防げるのではないかと考えたのだ。こうして1796年、天然痘の「ワクチン」が生まれた。天然痘は1980年、WHO（→p11）により根絶宣言が出された。

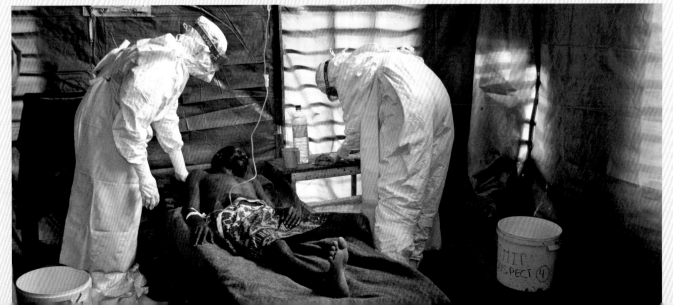

コンゴ民主共和国の隔離施設でエボラ出血熱の患者を治療する「国境なき医師団（MSF）」の職員（2007年9月）。

くりかえすパンデミック

1918年のスペインかぜのパンデミックから102年、新型コロナウイルスのパンデミックが発生。100年前には世界人口18億人のうち、3分の1が感染したといわれています。同じようになるとすれば、2020年の世界人口は77億人ですから……。

コロナウイルスによる感染症

これまでコロナウイルス*によってひきおこされた感染症としては、SARS、MERSがあります。SARSは、日本語では「重症急性呼吸器症候群」と訳されています。2002年11月に中国広東省で最初の患者が出て、2003年に収束するまで世界中で流行が起きました。

MERSは、SARSによく似たコロナウイルスによってひきおこされる感染症です。2012年9月から中東地域を中心に患者の発生が報告されました。日本語では「中東呼吸器症候群」と訳されています。この2つのコロナウイルスによ

2020年には新型コロナウイルスが世界中に拡大した。外出時のマスクが欠かせなくなり、マスク不足が問題となった。

る感染症に対して、ワクチンも治療薬も開発されていません。

そして2020年、前年に中国の武漢で発生した新型コロナウイルスによる感染症が、世界中に拡大したのです。

おごりをすてて

あらたな感染症が生まれるのは、わたしたち人間に原因がある場合もあります。たとえば、森林を切りひらいて新しい土地にわけいっていけば、いままでに出あったことのない病原体と出あうかもしれません。また、生の食品や輸入食品、自然食品などを食べて、知らないうちに病原体を体に入れているかもしれません。新たな感染症は、これからもつぎつぎにあらわれてくるはずです。医学や科学の発達にたよるだけではなく、わたしたち1人ひとりが、感染症について理解し、備えなければなりません。そして、わたしたち自身が新たな感染症を生みだしている場合もあることを自覚し、自然とどのように共存していくかを考えていかなければならないのです。

＊人間や動物の体液などにふくまれ、発熱やくしゃみなどの症状をひきおこすウイルス。ウイルスをふくんだ飛沫を介して感染する。

⑤ 感染症による死者をへらすには?

感染症は不衛生な生活環境が要因であることが多いため、
それを防ぐには安全な水とトイレが必要です (→p15)。
栄養補給や医療と薬が必要なのは
いうまでもありません。

感染症の予防と治療

　三大感染症 (→p16) をはじめとして多くの感染症が、現代の医学の発達や薬の開発により、すでに予防や治療ができる病気となりました。
　感染症の予防には、衛生的な環境やきれいな水を利用できる設備を整えることや、清潔な衛生環境の大切さを理解してもらうための教育が必要です。また、栄養不足によって感染症にかかりやすくならないために食料が必要です。
　感染症が発生した場合の患者の治療と拡大防止には、医療と有効な薬が必要です。ところが、貧困のせいで、また、自然災害や紛争のために医療を受けられない人びとが世界中に数えきれないほどたくさんいるのです。

日本では感染症の予防のため、予防接種法という法律によりワクチンを受ける制度が定められている。

もっとくわしく

日本人が発明したワクチン

　これまで人類は、天然痘 (→p19) をはじめとしてさまざまな感染症に効果のあるワクチンをどんどん開発し、予防接種をおこなうようになった。天然痘の根絶宣言が出されたように、現在、日本人により開発されたマラリアに効果があるワクチンによって、将来地球上からマラリアが根絶される日も近いといわれている。

⑥ わたしたちにできること

「すべての人に健康と福祉を」を達成するためには、
国や国際機関、NGOなどが積極的に対策をとらなければ
なりませんが、わたしたちにもできることがあります。

知識をもつことの大切さ

感染症は、病気のとくちょうを見あやまると、一気に流行してしまいます。拡大を防ぐには、感染のしかた（感染経路）や病原体のすみかなどの知識をもち、正しい判断をすることが大切です（→p30）。感染症を放置すれば、感染がど

んどん拡大します。だからこそ、流行を食いとめるには正しい知識をもつことが大切です。

日本にかぎらず世界でも、感染症が流行して大さわぎになったときだけ、その感染症への関心が高まる傾向にあります。しかし、そうではなく、日ごろから感染症に関する情報を得て、理解を深めておかなければなりません。

もっとくわしく

感染経路

病原体の感染経路には、主につぎのようなものがある。

- 飛沫感染：感染者のくしゃみやせきによって飛びちった飛沫（しぶき）を、ほかの人が吸いこみ、のどなどに付着して感染する。飛沫は2mくらいで落下する。
- 空気感染：飛沫が空気中で乾燥して、病原体をふくんだ「飛沫核」となってフワフワと飛んでいき、遠くの人も吸いこんで感染する。「飛沫核感染」ともいう。

- 接触感染：病原体にさわることによる感染。感染者のふん便への接触や、病原体が付着した食べ物を口にすることによる「経口感染」をふくむ。
- 性感染：性行為で感染。
- 母子感染：感染者の母親から子どもに感染すること。妊娠中の胎内や出産時に赤ちゃんが通ってくる母親の産道、出生後の母乳などで感染。
- 刺咬感染（節足動物媒介感染）：病原体をもった蚊などの昆虫にさされることで感染する。

ソーシャルディスタンス

2020年春、新型コロナウイルスのパンデミックのなか、にわかにその対策として実施されるようになったのが、「ソーシャルディスタンス（社会的距離）」。感染しないように、社会のあらゆる場で人と人とが距離（2m以上）をおくという対策です。

ドイツのメルケル首相の言葉

ドイツのメルケル首相。

新型コロナウイルスのうたがいで隔離状態だったドイツのアンゲラ・メルケル首相が、3月22日、テレビを通して国民に語りかけました。そのなかで、首相は「マスクをつけていてもソーシャルディスタンスを保つことを常に心がけてください。ウイルスに対するワクチンや治療薬がないかぎり、ソーシャルディスタンスを保つことはもっとも効果的な予防法なのです」と発言。このように世界中の国の政府や医療機関がソーシャルディスタンスを国民によびかけました。そうしたなか、ドイツの世界的な自動車メーカーのアウディは会社のロゴマークである4つの輪をはなして示し、ソーシャルディスタンスの重要性をアピールしました。

いまは離れて

心をひとつに
#AudiTogether

ソーシャルディスタンスをよびかけて形をかえるアウディのロゴマーク。

G'sくんでもあらわしてみよう！

G'sくんは、みんなが力をあわせてSDGsを達成するイメージをあらわしたキャラクターです。いろいろな形になってSDGsのテーマをあらわすことができます（→『入門』の巻）。また、みんなが一丸となる（丸くなる）ことで、SDGsバッジをあらわすこともできます。そして、下のように、バラバラになってソーシャルディスタンスをアピールすることもできるのです。

⑦ だからSDGs目標3

2015年に世界の国ぐには、「すべての人に健康と福祉を（GOOD HEALTH AND WELL-BEING）」の達成を誓いあいました。この本のおわりは、目標3が必要な理由を見てみましょう。

目標3が必要なわけ

人は「病気でない・弱っていないだけではなく、肉体的にも精神的にも、そして社会的にも満たされた状態」（→p10）でいてこそ人間らしく生活していけます。でも、1人ひとりの努力だけでは、そうしたくらしはできません。それを支える福祉の充実が必要です。

12ページに記したとおり、福祉は、国の責任で充実させるものです。世界には、じつにさまざまな国があります。福祉がとても充実した国もありますが、国民を支えていけない国もあります。それどころか、政府が国民を苦しめている国もあります。

そうした世界の現実があるからこそ、「すべての人に健康と福祉を」という目標が、全人類の目標としてSDGsのなかに位置づけられたのです。なお、日本の目標3の達成度は、ヨーロッパなどの福祉国家とくらべるとまだまだですが、この本の巻頭絵本に見る母子手帳（→p30）のように、日本で誕生し、世界をリードする福祉政策もおこなっています。

福祉国家の1つであるスウェーデンでは、消費税率が25％と高いぶん、介護、医療、教育などがほとんど無料で受けられる。

©Sofia Sabel/imagebank.sweden.se

くもの巣チャートで考えよう!

SDGsは、17個の目標すべてを達成しようとすると、ほかの目標も同時に達成していかなければならないというものです。ここでは目標3と、とくに強く関係する目標を見てみます。

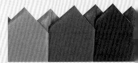

17個の目標が複雑に関係しているのはあたりまえのことだけれど、こうやって整理してみると、人類がSDGsを必要とする意味がよくわかるね。

2 飢餓とは、栄養不足のこと。栄養が不足すれば病気にかかりやすい。目標3の達成は、目標2の飢餓の撲滅につながるのは当然だ。

4 22ページにも書いてある通り、感染症を防ぐには正しい知識が不可欠だ。教育が人びとに知識をあたえる。とくに、性や出産についての教育は、女性の健康に大きく関わっている。

5 目標4の教育と同じく、目標5の「ジェンダー平等」の達成は、女性の健康と福祉に直接つながっている。

6 安全な水と清潔なトイレは、感染症などを発生させない条件である。

9 「産業と技術革新の基盤をつくろう」には、医療の進歩や薬品の開発もふくまれている。これらも、人びとの健康維持に必要なことだ。

1 人はだれでも病気や事故で健康をそこなう。健康の回復には医療や薬が必要。しかし国が貧しければ、医療も薬も提供できない。個人としても、お金のない人は、医者にかかることもできない。この点でいえば、貧困の撲滅は、SDGsのすべての目標の達成の条件になっている。

17 目標17は「パートナーシップで目標を達成しよう」。感染症は開発途上国で発生することが多いが、感染症に国境はない。その対策には、世界の国ぐにのパートナーシップが不可欠だ。

SDGsの全169個のターゲット*は、もともと英語で書かれていました。それを外務省が日本語にしたのが右ページの　　　のもの。むずかしい言葉が多いので、このシリーズでは、ポイントをしぼって「子ども訳」をつくりました。

3.1　2030年までに、妊娠・出産のときに亡くなるお母さんの数を、赤ちゃん10万人あたり70人未満にへらす。

現在、妊娠・出産のときの死亡のほとんどは開発途上国で発生している。

3.2　新生児（生まれた赤ちゃん）が亡くなるのを出生1000件中12件以下までへらす。5歳までの死亡率を1000件中25件以下までへらす。2030年までに、5歳未満の子どもが予防できる理由で亡くなることがないようにする。

3.3　2030年までに、エイズ、結核、マラリアや「顧みられない熱帯病（→p30）」などをなくすとともに、肝炎、水が原因で起こる感染症などへの対策をおこなう。

3.4　2030年までに、感染症が原因でない病気で亡くなる若い人を3分の1へらし、心の病についての福祉を進める。

3.5　薬物やアルコール乱用の防止と治療を強化する。
薬物の供給やアルコールの大量せっ取を食いとめることが必要。

3.6　2020年までに、交通事故による死者や負傷者を半減させる。

3.7　2030年までに、妊娠と出産に関する保健サービスを広める。

3.8　すべての人が高い質の医療を受け、安全・安価な薬とワクチンを得られるようにする。

3.9　2030年までに、有害化学物質や環境の汚染が原因で亡くなったり病気になったりする人を大幅にへらす。

空気が化学物質で汚染される「大気汚染」が、人体におよぼす影響は大きい。

＊SDGsでは17の目標それぞれに「ターゲット」とよばれる「具体的な目標」を決めている。

子ども訳
<ruby>子<rt>こ</rt></ruby>ども<ruby>訳<rt>やく</rt></ruby>

3.a　タバコの<ruby>規制<rt>きせい</rt></ruby>を<ruby>強化<rt>きょうか</rt></ruby>する。

<ruby>喫煙<rt>きつえん</rt></ruby>は、<ruby>健康<rt>けんこう</rt></ruby>をさまたげるもっとも<ruby>大<rt>おお</rt></ruby>きな<ruby>要因<rt>よういん</rt></ruby>であるとされている。

3.b　<ruby>感染症<rt>かんせんしょう</rt></ruby>と<ruby>非感染症<rt>ひかんせんしょう</rt></ruby>のワクチンや<ruby>薬<rt>くすり</rt></ruby>の<ruby>研究<rt>けんきゅう</rt></ruby><ruby>開発<rt>かいはつ</rt></ruby>を<ruby>支援<rt>しえん</rt></ruby>する。

3.c　<ruby>開発<rt>かいはつ</rt></ruby><ruby>途上国<rt>とじょうこく</rt></ruby>の<ruby>人<rt>ひと</rt></ruby>びとの<ruby>健康<rt>けんこう</rt></ruby>を<ruby>守<rt>まも</rt></ruby>るためのお<ruby>金<rt>かね</rt></ruby>と<ruby>人材<rt>じんざい</rt></ruby>を<ruby>大幅<rt>おおはば</rt></ruby>にふやす。

どんなところにくらす<ruby>人<rt>ひと</rt></ruby>でも<ruby>医療機関<rt>いりょうきかん</rt></ruby>や<ruby>医薬品<rt>いやくひん</rt></ruby>が<ruby>必要<rt>ひつよう</rt></ruby>。

3.d　<ruby>開発<rt>かいはつ</rt></ruby><ruby>途上国<rt>とじょうこく</rt></ruby>を<ruby>中心<rt>ちゅうしん</rt></ruby>に、すべての<ruby>国<rt>くに</rt></ruby>ぐににおいて、<ruby>健康<rt>けんこう</rt></ruby>に<ruby>有害<rt>ゆうがい</rt></ruby>なものを<ruby>早期<rt>そうき</rt></ruby>に<ruby>予防<rt>よぼう</rt></ruby>・<ruby>管理<rt>かんり</rt></ruby>する。

<ruby>目標<rt>もくひょう</rt></ruby>3のターゲット（<ruby>外務省仮訳<rt>がいむしょうかりやく</rt></ruby>）

3.1　2030年までに、世界の妊産婦の死亡率を10万人当たり70人未満に削減する。

3.2　全ての国が新生児死亡率を少なくとも出生1000件中12件以下まで減らし、5歳以下死亡率を少なくとも出生1000件中25件以下まで減らすことを目指し、2030年までに、新生児および5歳未満時の予防可能な死亡を根絶する。

3.3　2030年までに、エイズ、結核、マラリアおよび顧みられない熱帯病といった伝染病を根絶するとともに肝炎、水系感染症およびその他の感染症に対処する。

3.4　2030年までに、非感染性疾患（NCD）による早期死亡を、予防や治療を通じて3分の1減少させ、精神保健および福祉を促進する。

3.5　麻薬乱用やアルコールの有害な摂取を含む、薬物乱用の防止・治療を強化する。

3.6　2020年までに、世界の道路交通事故による死傷者を半減させる。

3.7　2030年までに、家族計画、情報・教育、およびリプロダクティブ・ヘルスの国家戦略・計画への組み入れを含む、性と生殖に関するヘルスケアをすべての人々が利用できるようにする。

3.8　すべての人々に対する財政保障、質の高い基礎的なヘルスケア・サービスへのアクセス、および安全で効果的、かつ質が高く安価な必須医薬品とワクチンのアクセス提供を含む、ユニバーサル・ヘルス・カバレッジ（UHC）を達成する。

3.9　2030年までに、有害化学物質、ならびに大気、水質および土壌の汚染による死亡および病気の件数を大幅に減少させる。

3.a　すべての国々において、たばこ規制枠組条約の実施を適宜強化する。

3.b　主に開発途上国に影響を及ぼしている感染性および非感染性疾患のワクチンおよび医薬品の研究開発を支援する。また、ドーハ宣言に従い安価な必須医薬品およびワクチンへのアクセスを提供する。同宣言は公衆衛生保護およびすべての人々への医薬品のアクセス提供にかかわる「知的所有権の貿易関連の側面に関する協定（TRIPS協定）」の柔軟性に関する規定を完全に行使する開発途上国の権利を確約したものである。

3.c　開発途上国、特に後発開発途上国および小島嶼開発途上国において保健財政、および保健従事者の採用、能力開発・訓練、および定着を大幅に拡大させる。

3.d　すべての国々、特に開発途上国の国家・世界規模な健康リスクの早期警告、リスク緩和およびリスク管理のための能力を強化する。

わたしたちが病気やけがをしたとき、医療費の一部を、国などの公的機関が負担します。公的機関が負担する医療費のことを「公的医療費」といいます。
下は、公的医療費の多い国と少ない国をそれぞれ地図上にあらわしたものです。

医療費の多い国・少ない国

公的医療費の割合が大きければ大きいほど、患者が支払わなくてはいけない医療費は少なくてすむことになります。公的機関が医療費の80％以上を負担している国は、北ヨーロッパなどに見られます（日本も80％以上）が、これらの国ぐにでは、生きていくために必要な医療費はできるだけ国がめんどうを見るべきだと考えられているのです。一方、公的医療費が少ない国は開発途上国に多く見られます。こうした国ぐには、国が借金を多くかかえていたり、軍事などにたくさんのお金をつかっていたりするために、医療費にまわすお金が不足している場合が多いのです。

●世界の公的医療費の負担割合　　上位5か国　下位5か国

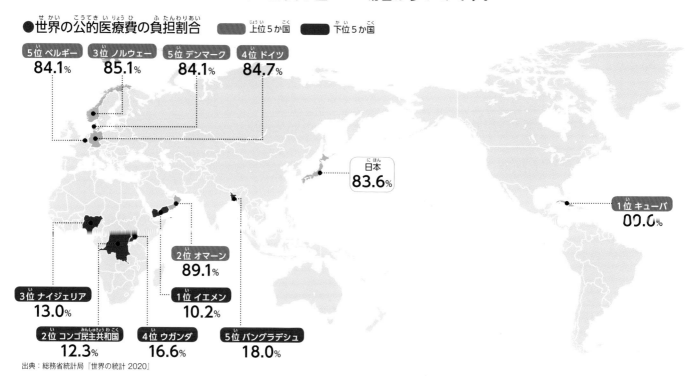

5位 ベルギー
84.1%

3位 ノルウェー
85.1%

5位 デンマーク
84.1%

4位 ドイツ
84.7%

日本
83.6%

1位 キューバ
09.0%

2位 オマーン
89.1%

3位 ナイジェリア
13.0%

1位 イエメン
10.2%

2位 コンゴ民主共和国
12.3%

4位 ウガンダ
16.6%

5位 バングラデシュ
18.0%

出典：総務省統計局『世界の統計 2020』

2020年、新型コロナウイルスで世界はたいへんなことになりました。パンデミックのなか、4月11日のドイツ大統領の発言が世界で話題となりました。それは、SDGsの精神につながるものでした。

ドイツのフランク＝ヴァルター・シュタインマイヤー大統領。

シュタインマイヤー大統領の発言

ふつうの生活にもどりたいとみんなが願っていることは、当然わたしも承知しています。しかし、それはどういうことでしょうか。できるだけ早く昔からの単調な生活や習慣にもどるということでしょうか。そうではないでしょう。コロナ後の世界は、以前とは別のものになるはずです。そして、どのようになるのかはわたしたち自身にかかっています。

わたしたちは、分岐点に立っている。わたしはこう思います。危機が進行中のいますでに、わたしたちがとりうる2つのことなる方向性が見えています。だれもが自分のことのみを考え、人をおしのけ、買いしめに走り、自分がほしいものの確保だけはする世界を目指すのでしょうか。それとも、人のため、社会のために役立ちたいという新たに目覚めた気持ちが、今後も人びとの心にとどまり続け、はちきれんばかりの創意工夫と助けあいの精神が今後も維持されるのでしょうか。

さらに、世界においては、たがいに協力してこの事態克服の道を探るのでしょうか。それともそれぞれが孤立し独走する道を選ぶのでしょうか。ワクチンや治療法をより早く開発できるよう、知見と研究成果を共有し、地球規模の同盟を形成することにより、貧しい国ぐに、もっとも脆弱な国ぐにもその成果の恩恵を受けられるようはかっていくべきではないでしょうか。

連帯。確かに高尚に響く言葉です。しかし、いまだれしもが、まさに自分のこととして、人間の存在に関わるような形でこの言葉の意味するところを経験してはいないでしょうか。自分自身の行動が、ほかの人の命を左右しているのです。ですから、この貴重な体験をぜひ大事にしていこうではありませんか。いまみなさんが毎日実行している連帯を、わたしたちは今後より一層必要としていくでしょう。

不安や不信感のあふれる社会になってほしくはありません。わたしたちは、より多くの信頼と、思いやりと、希望にあふれる社会を実現できるのです。

感染経路と病原体・・・・・・・・・・・・・・・・・・・・・・・ 22

病名	感染経路	病原体
マラリア	蚊	マラリア原虫（微生物）
ハンセン病	飛沫感染	らい菌（細菌）
ペスト	ノミ、ネズミ	ペスト菌（細菌）
梅毒	接触感染	梅毒トレポネーマ（細菌）
天然痘	飛沫感染	天然痘ウイルス（ウイルス）
コレラ	経口感染	コレラ菌（細菌）
結核	飛沫感染	結核菌（細菌）
発疹チフス	シラミ	リケッチア（細菌）
スペインかぜ	飛沫感染、接触感染	インフルエンザウイルス（ウイルス）

感染症との闘いの年表・・・・・・・・・・・・・・・・・・・ 19

西暦	できごと
17世紀後半	アントニ・ファン・レーウェンフックが顕微鏡で細菌を観察
1796年	エドワード・ジェンナーが牛痘による天然痘の予防接種に成功
1873年	アルマウェル・ハンセンがらい菌を発見
1876年	ロベルト・コッホが炭疽菌を発見
1882年	ロベルト・コッホが結核菌を発見
1883年	ロベルト・コッホがコレラ菌を発見
1885年	ルイ・パスツールが狂犬病のワクチンを開発
1894年	アレクサンドル・イェルサン、北里柴三郎がペスト菌を発見
1897年	志賀潔が赤痢菌を発見
1905年	フリッツ・シャウディンが梅毒トレポネーマを発見
1909年	シャルル・ジュール・アンリ・ニコルが、発疹チフスがシラミによって感染することを発見
1910年	パウル・エールリッヒと秦佐八郎が梅毒の治療薬サルバルサンを開発
1928年	アレキサンダー・フレミングが初の抗生物質ペニシリンを発見
1931年	マックス・クノールとエルンスト・ルスカが電子顕微鏡を発明
1933年	ウィルソン・スミスらがインフルエンザウイルスを発見
1944年	セルマン・A・ワクスマンらが結核の治療薬ストレプトマイシンを開発

顧みられない熱帯病・・・・・・・・・・・・・・・・・・・・・・ 26

英語のNeglected Tropical Diseases（NTDs）の日本語訳。WHOが「人類の中で制圧しなければならない熱帯病」と定義している18の疾患のことを指す。代表的なものとして、リンパ系フィラリア症、シャーガス病、デング熱などがあり、これらは、世界約150の国と地域でまんえんし、感染者数は約10億人にものぼると推定されている。しかし、先進国ではほとんど患者がいないためにあまり関心が向けられず、じゅうぶんな対策・援助がとられてこなかったことから、「顧みられない熱帯病」とよばれている。

生活保護法・・・・・・・・・・・・・・・・・・・・・・・・・・・・・ 13

資産がなく、働いてじゅうぶんな収入を得ることもできない人に、国が憲法第25条で定められた「健康で文化的な最低限度の生活」を保障する制度。けがや病気、失業などやむをえない理由で生活が不安定になったときなどに、どんな人でも一定の基準を満たせば保障を申請することができる。1950年施行。1951年の生活保護受給者は204.7万人（人口の2.42％）で、2020年1月の受給者は206.8万人（人口の1.64％）。

母子手帳・・・・・・・・・・・・・・・・・・・・・・ 4、14、24

正式には「母子健康手帳」とよばれる、赤ちゃんとお母さんを守る日本発祥のノートで、妊娠・出産から赤ちゃんが6歳になるまで、母子が継続してケアを受けるための健康記録を記すようになっている。日本が乳児死亡率が世界でもっとも低い国の1つであることに一役かっているといわれている。現在、日本政府は、母子手帳を世界の国ぐにに広めようとしている。

※数字は、関連用語がのっているページを示しています。

さくいん

■著
稲葉茂勝（いなばしげかつ）
1953年東京生まれ。東京外国語大学卒。編集者としてこれまでに1350冊以上の著作物を担当。著書は80冊以上。近年子どもジャーナリスト（Journalist for Children）として活動。2019年にNPO法人子ども大学くにたちを設立し、同理事長に就任して以来「SDGs子ども大学運動」を展開している。

■監修
渡邉 優（わたなべまさる）
1956年東京生まれ。東京大学卒業後、外務省に入省。大臣官房審議官、キューバ大使などを歴任。退職後、知見をいかして国際関係論の学者兼文筆業へ。『ゴルゴ13』の脚本協力も手がける。著書に『知られざるキューバ』（ベレ出版）、『グアンタナモ　アメリカ・キューバ関係にささった棘』（彩流社）などがある。外務省時代の経験・知識により「SDGs子ども大学運動」の支柱の1人として活躍。日本国際問題研究所客員研究員、防衛大学校教授、国連英検特A級面接官なども務める。

■表紙絵
黒田征太郎（くろだせいたろう）
ニューヨークから世界へ発信していたイラストレーターだったが、2008年に帰国。大阪と門司港をダブル拠点として、創作活動を続けている。著書は多数。2019年には、本書著者の稲葉茂勝とのコラボで、手塚治虫の「鉄腕アトム」のオマージュ『18歳のアトム』を発表し、話題となった。

■絵本
文：大窪いく子（おおくぼいくこ）
福島県会津若松市生まれ。きむらゆういち氏主宰のゆうゆう絵本講座と、なかえよしを氏のもとで絵本作りを学ぶ。月刊絵本「とおりまーす」（鈴木出版）で2019年にデビュー。

絵：松永 萌（まつながもえ）
1992年埼玉生まれ。出版社に勤務するかたわら、絵本作りをおこなう。オリジナルキャラクター「ぱにまる」のグッズ製作や地方誌のイラストも手掛ける。

■編さん
こどもくらぶ
編集プロダクションとして、主に児童書の企画・編集・制作をおこなう。全国の学校図書館・公共図書館に多数の作品が所蔵されている。

■編集
津久井 恵（つくいけい）
40数年間、児童書の編集に携わる。現在フリー編集者。日本児童文学者協会、日本児童文芸家協会、季節風会員。

■G'sくん開発
稲葉茂勝
（制作・子ども大学くにたち事務局）

■地図
周地社

■装丁・デザイン
矢野瑛子・佐藤道弘

■DTP
こどもくらぶ

■イラスト協力（p26-27）
くまごろ

■写真協力
p10：© Dongli Zhang ¦ Dreamstime.com
p11：Wikimedia Commons
p14：UNMEER/Martine Perret
p15：Shamima Prodhan/REACH
p17：Mikiyas Tesfaye
p18：Wikimedia Commons
p19：提供：Pascale Zintzen/MSF/ロイター/アフロ
p20：AP/アフロ
p23：© Raimond Spekking（Wikimedia Commons）
p24：Sofia Sabel/imagebank.sweden.se
p29：Wikimedia Commons

SDGsのきほん 未来のための17の目標④ 健康と福祉 目標3　　　　　N.D.C.369

2020年8月　第1刷発行　　2023年1月　第4刷

著　　　稲葉茂勝
発行者　千葉 均　編集　堀創志郎
発行所　株式会社ポプラ社
　　　　〒102-8519　東京都千代田区麹町4-2-6
　　　　ホームページ　www.poplar.co.jp
印刷・製本　図書印刷株式会社

Printed in Japan
31p 24cm
ISBN978-4-591-16726-7

あるメッセージ

　SDGsの目標3には「2030年までに伝染病を根絶する」といったターゲットがかかげられています。ところが、この本の原稿をつくっていたころ、世界は新型コロナウイルスとよばれる新たな伝染病にさらされていました。しかし、それは新しいタイプのウイルスであるものの、じつは人類にとってその「脅威」は、何世紀も前からあるものだといえます。このことを教えてくれるメッセージを、この本の最後に紹介します。

●イタリアのボルタ高校のスキラーチェ校長が生徒にあてたメッセージ

　「ドイツからミラノにくるのではとおそれられていたペストが、本当に入ってきた。それはとどまることなくイタリアの大半を侵略し、人口はへった……」

　これはマンゾーニの小説「いいなづけ」の第31章の冒頭で、1630年にミラノをおそったペストの流行について書かれた一節です。この本のなかには、外国人への恐怖、最初の感染源はだれかというヒステリックな捜索、専門家への軽蔑、根拠のないうわさ話、ばかげた治療法、必需品の盗難……すべてのようすが書かれています。

　親愛なる生徒のみなさん、学校は休校になりましたがお話ししておきたいことがあります。

　感染が急速に世界に広がっているのは、わたしたちの時代が残した必然的な結果です。何世紀も前には、速度が少しおそかっただけで、同じように広がりました。

　このような出来事での最大のリスクの1つは、マンゾーニがわたしたちに教えてくれています。それは、社会生活や人間関係の荒廃と、市民生活を野蛮にすることです。目に見えない敵によっておびやかされたとき、人は自分と同じような人びとに対して脅威を感じたり、潜在的な侵略者のように見たりする、それこそが危険なのです。

　17世紀とくらべ、わたしたちには現代的な医学があり、それはさらに進歩を続けていて、信頼性があるものです。社会組織と人間性という貴重な財産を守るために、合理的な考えをもつようにしましょう。もしそれができなければ、ペストが本当に勝ってしまうかもしれません。近いうちに、学校でみなさんを待っています。

ドメニコ・スキラーチェ

G'sくんのつくりかた

G'sくんは
ぼくだよ。

パーツⒶⒷは同じ色の折り紙でつくるよ。

Ⓐ Ⓑの順につくってから合体してね。

パーツⒶのつくりかた

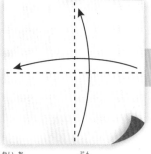

2回折って、4分の1にする。

すべて
開く。

中心に向けて折る。

半分に折る。

まん中であわせる

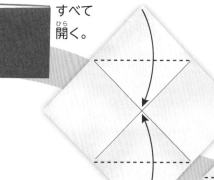

山折り　　谷折り

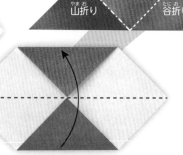

パーツⒷのつくりかた

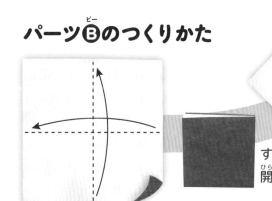

2回折って、4分の1にする。

すべて
開く。

中心に向けて折る。

半分に折る。

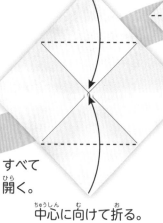

半分に折る。

まん中であわせる

谷折り　　山折り